Georg Haddenbach

Der mutige
Widder

Bassermann

Inhalt

Der Einfluß der Planeten

In diesem Buch finden Sie alles über die Menschen, die in der Zeit vom 21. März bis 20. April Geburtstag haben. Sie gehören in das Tierkreiszeichen Widder, das erste Frühlingszeichen des astrologischen Jahres, das am 21. März beginnt.

Der Tierkreis ist die Bahn, die Sonne, Mond, Planeten und alle übrigen Himmelskörper vermeintlich am Himmel ziehen – vom Auge eines Beobachters auf der Erde aus gesehen. Wir wissen natürlich, daß zum Beispiel die Sonne einmal jährlich von der Erde umrundet wird und daß sich die Erde einmal täglich um ihre eigene Achse dreht. Dieses Wissen ist aber nicht deckungsgleich mit dem, was der Betrachter des Sternenzelts von seinem Standpunkt auf der Erde aus wahrnimmt.

Sonne, Mond und Planeten formen, astrologisch gesehen, neben dem eigenen Tierkreiszeichen und dem ihm durch die Minute der Geburt zugeordneten Aszendenten den Charakter eines Menschen und beeinflussen sein ganzes Leben mehr oder weniger stark.

Die scheinbare Bahn der Sonne nennt man astrologisch Ekliptik. Es ist der größte Kreis am Himmelsgewölbe, den die Sonne von Osten nach Westen zurückzulegen scheint, und wie jeder Kreis hat auch dieser exakt 360 Grad. Seit Jahrtausenden wird er in zwölf etwa gleich große Abschnitte von 30 Grad aufgeteilt – in die zwölf Tierkreiszeichen.

Der Tierkreis beginnt mit dem Zeichen des Widders, einem Feuerzeichen. Wer in diesem Zeichen geboren wurde, hat einen feurigen Charakter, in dem sich die Urgewalt seines Planetenherrschers Mars widerspiegelt.

Seit dem Altertum gilt der rote Planet Mars als Beherrscher des Widder-Zeichens. Wie ihr Pate, der Kriegsgott Mars, sind Widder-Menschen kämpferische Naturen.

Der rote Planet ist von der Erde nur sichtbar, wenn er der Sonne gerade gegenübersteht. Er übt mit Sonne, Venus und Pluto (der erst 1930 aufgrund von Störungen der Umlaufbahnen von Uranus und Neptun entdeckt wurde) den größten planetarischen Einfluß auf den Widder-Menschen aus, denn er hat nach astrologischer Auffassung im Widder-Zeichen sein Domizil. Der Mars ist das Sinnbild für Tatkraft, Unbeugsamkeit, persönlichen Mut und für den Willen zum Erfolg. Er verkörpert die männliche Libido. Temperamentvoll setzen sich Widder-Geborene für ihre Ziele ein und geraten dabei auch hin und wieder in Konflikt mit ihrer Umwelt.

Die Sonne, die seit jeher im geozentrischen astrologischen Weltbild zu den Planeten gerechnet wird, ist im Widder-Zeichen erhöht, das heißt, sie bildet in diesem Tierkreiszeichen ein besonderes Kraftfeld. Sie fördert aus astrologischer Sicht die schöpferischen Fähigkeiten eines Menschen und bestimmt seinen geistigen Horizont sowie sein Selbstbewußtsein.

Der Planet Venus symbolisiert Harmonie, Liebe, Sinnlichkeit und Schönheit und entspricht der weiblichen Libido. Im Widder-Zeichen fördert Venus Sinnenfreude und Lebenslust. Venus in einem marsbetonten Zeichen ist aber auch verantwortlich für Angriffslust und gesellschaftlichen Schwung.

Der erst 1930 entdeckte Planet Pluto schließlich steht nach Meinung moderner Astrologen im Widder-Zeichen für den Machtwillen und dessen kompromißlose Durchsetzung.

Auch die Natur übt ihren Einfluß auf die Widder-Menschen aus: Wie das Wetter Ende März und im April sind sie zeitweise recht unbeständig. Einmal sind sie fröhlich und leben unbeschwert in den Tag hinein, dann wieder sind sie niedergeschlagen und wirken unsicher. Sie spielen die Starken und wollen dabei oft nur die eigenen Schwächen verbergen. Wer diese Menschen genauer kennenlernen will, sollte dieses Buch lesen, das gleichzeitig alle Widder zur Selbsterkenntnis anregen möchte.

Die Bilder, die den Texten beigestellt sind, beziehen sich auf die Widder-Geborenen: Seit alters werden ihnen bestimmte Blumen, Nutz- und Heilpflanzen, aber auch Tiere und glücksbringende Edelsteine zugeordnet.

Der göttliche Widder

Der Mufflon ist das Urbild des Tierkreiszeichens Widder. Die wilden Muffelwidder mit ihren nach außen gedrehten Schneckengehörnern sind nicht viel größer als Rehe. Im Altertum waren sie in Europa und Kleinasien beheimatet. Heute leben sie nur noch auf Sardinien und Korsika in freier Wildbahn.

In Ägypten wurde dem Tier schon vor 5000 Jahren göttliche Verehrung zuteil. Da die alten Ägypter sich ihre Götter auch bildlich vorstellen wollten, wurde Ammon, der Stadtgott der Stadt Theben, in Stein gemeißelt. Das Standbild zeigte den Gott in menschlicher Gestalt, doch auf dem Rumpf thronte ein riesiger Mufflonkopf, der keine menschlichen Züge verriet.

Das Bild schien bald alle Ägypter so zu beeindrucken, daß sie ihn mit dem obersten ägyptischen Gott, dem Sonnengott Ra, gleichsetzten und ihn nach dem Niedergang der ägyptischen Stadt Theben zum Götterkönig erhoben. Er galt als der Schöpfer der Welt. Die Griechen setzten ihn mit Zeus gleich. Vermutlich stellten die Astrologen des Altertums deshalb das Zeichen Widder an den Beginn des Tierkreises.

Die griechische Mythologie erklärt die Entstehung des Tierkreiszeichens auf eine andere Weise: Nach einer Göttersage hatte Hermes, der schnellfüßige Götterbote der Olympier, der Quellnymphe Nephele einen Widder geschenkt, der nicht nur sprechen, sondern auch durch die Lüfte fliegen konnte. Statt der kastanienbraunen Decke des Mufflons trug das schöne Tier ein goldenes Vlies.

11

Nephele hatte ihrem Gemahl, dem König Athamas, zwei reizende Kinder geboren: den Knaben Phrixos und das Mädchen Helle. Aber die Nymphe hielt es nicht lange an der Seite des Königs aus, der daraufhin die Königstochter Ino zur Frau nahm. Diese trachtete jedoch ihren Stiefkindern nach dem Leben, weil sie ihren eigenen beiden Söhnen die Thronfolge sichern wollte.

Ino ließ ihrem Gatten einen Orakelspruch aus Delphi übermitteln, wonach dieser um eigener Vorteile willen seinen Sohn Phrixos auf dem Altar der Götter opfern sollte. Athamas lehnte ab, aber Phrixos war bereit, für den Vater zu sterben. Gerade, als der König seinem opferwilligen Sohn die Kehle durchschneiden wollte, schickte dessen Mutter Nephele ihren Widder zu Hilfe. Das Tier befahl Phrixos und seiner Schwester, der Ino ebenfalls nach dem Leben trachtete, auf seinem Rücken aus gesponnenem Gold Platz zu nehmen, worauf es die beiden Königskinder in die Lüfte entführte.

Der Sage nach konnte sich Helle über der Meerenge zwischen Europa und Asien nicht mehr an der goldenen Wolle des Widders festhalten und stürzte ins Meer hinab. Die Meerenge trägt seitdem ihren Namen: Hellespont (heute Dardanellen). Phrixos aber gelangte ins Königreich Kolchis am Schwarzen Meer und heiratete die Tochter des Königs. Zum Dank für die Rettung opferte Phrixos den Widder dem Göttervater Zeus, schnitt dem Opfertier aber zuvor das Goldene Vlies vom Rücken und stellte es dann im Hain des Kriegsgottes Ares zur Schau.

Zeus hatte jedoch nicht viel Gefallen an der Opfergabe und warnte den König von Kolchis vor einem griechischen Fremdling, der davon ausging, dies könne nur der neue Schwiegersohn sein. Nepheles Sohn wurde daraufhin hingerichtet. Zeus aber setzte das Ebenbild des goldenen Widders als Sternbild an den Himmel.

Ohne die Hilfe des sprechenden Widders, der auch noch fliegen konnte, wären die Königskinder Phrixos und Helle verloren gewesen.

13

Schon in grauer Vorzeit zogen Astrologen Vergleiche zwischen dem Charakter von Menschen, die zwischen dem 21. März und 20. April Geburtstag haben, und ihrem Wappentier. Der wilde Mufflonwidder mit seinem schneckenförmigen Gehörn ist ein recht streitlustiges Tier, das sich ins wildeste Kampfgetümmel stürzt, um sein Rudel zu schützen. Manche Widder sondern sich jedoch ab und erproben ihre Kräfte allein in freier Wildbahn.

Auch die Widder-Geborenen sind meist angriffslustig und beharren eigensinnig auf ihren Vorhaben, bis sie auf größte Widerstände stoßen. Immer wieder versuchen sie – gemäß der Devise »Mit dem Kopf durch die Wand« –, scheinbar Unmögliches zu erreichen. Oft genug verschwenden sie dabei ihre Energie, ohne zum Ziel zu kommen. Dieser Kraftaufwand schadet ihrer körperlichen Gesundheit jedoch nicht. Gefährdet sind beim Widder-Geborenen lediglich der Kopf, das Gesicht, das Gehör, die Augen und die Bronchien. Nach traditioneller astrologischer Ansicht sind alle Organe und Körperteile bestimmten Tierkreiszeichen zugeordnet.

Auch eine bestimmte Farbe gehört zum Tierkreiszeichen Widder: das Rot des beherrschenden Planeten Mars, die Farbe des Feuers.

Mit Tempo durchs Leben

Widder-Geborene gehören nicht zu den Menschen, die abwarten. Sie ergreifen die Initiative zum Handeln und streben mit einer oft alles umstürzenden und manchmal auch zerstörenden Kraft voran. Dem Widder geht es dabei nicht um die Befriedigung von purer Herrschsucht, sondern oft um die Umgestaltung der Welt, um die

Hart wie sein Glücksmetall Eisen kann der Wille der Widder-Geborenen sein. Aber wie Eisen im Hochofen schmilzt der Widerstand eines jeden Widders dahin, wenn heiße Liebe ins Spiel kommt.

14

Durchsetzung von Idealen. Diese Menschen gehen mit Tempo durchs Leben, wobei ihnen oft der sichere Instinkt für Gefahren fehlt. Sie holen sich daher manche Verletzungen, die sie mit zunehmendem Alter vorsichtiger werden lassen.

Der Widder erholt sich gern in der freien Natur. Er wandert viel und verschafft sich dabei jene Kondition, die er braucht, um sein kräftezehrendes Leben führen zu können. Lob und Anerkennung spornen ihn zu Höchstleistungen an, weshalb er im Beruf meistens erfolgreich ist. Die damit verbundenen Finanzvorteile sind für ihn nur insofern von Bedeutung, als sie ihm materielle Sicherheit bieten.

Im Widder-Zeichen Geborene gehören zu den streitlustigen Menschen, die ihrer Umwelt oft ihren Willen aufzwingen. Sie nutzen

Beim Wandern holen sich Widder-Menschen ihre Kondition.

ihre Kraft aber nicht nur, um sich gegen ihre Gegner durchzusetzen, sondern auch, um ihre Freunde zu unterstützen und sie gegen Angriffe in Schutz zu nehmen.

Die Widder-Frau: wählerisch, aber schnell begeistert

Die Widder-Frau kann so sanft und so hingebungsvoll charmant sein, daß mancher Mann denkt, sie sei leicht zu erobern. Aber dieser Schein trügt – Widder-Frauen sind sehr wählerisch; sie wollen selbst bestimmen, welchen Grad von Intimität eine Beziehung annimmt. Eine Frau aus dem marsbetonten Zeichen freut sich, wenn sie von vielen Männern begehrt wird, unter denen sie ihre Wahl treffen kann. Manchmal wird sie dabei jedoch von ihrer Intuition im Stich gelassen und läßt sich von Äußerlichkeiten blenden.

Leider ist sie allzu schnell begeistert von zur Schau gestellter Männlichkeit und gibt dann blind ihr Jawort, um erst später zu merken, daß die Stärke ihres »Helden« nicht mit ihrer eigenen konkurrieren kann. Wer ihre Leidenschaft nicht erwidern kann und sich an ihrer Aktivität im Intimleben stört, sollte sich auf ein Beziehung mit einer Widderin nicht einlassen. Die Widder-Frau braucht anfangs viel Zeit, um sich auf einen Partner einzustellen. Dabei ist sie aber nicht verklemmt, und lebt – wenn sie richtig verliebt ist – auch ohne Trauschein gern an der Seite ihres Auserwählten.

Sie schätzt den Kavalier

Der Favorit dieser temperamentvollen Frau ist nicht der duldsame Schöngeist, der klaglos ihre Launen und ihren Eigensinn erträgt, um seine Ruhe zu haben. Es ist das gestandene Mannsbild, das bei ihr

Eindruck macht, freilich auch der verständnisvolle Kavalier, der ihr jeden Wunsch von den Augen ablesen möchte.

Man wird die Widder-Frau überall dort finden, wo etwas los ist, wo es lebendig ist und viele Menschen anzutreffen sind. Sie liebt Diskotheken und Opernhäuser, Cafés und Gemäldegalerien, wo sich bei der Betrachtung eines Kunstwerkes vielleicht die Gelegenheit zum Kennenlernen bei einem Gespräch über das rätselhafte Lächeln der »Mona Lisa« ergibt.

Spielt ihr Partner den Schüchternen, wird sie ihn selbst ansprechen und dann – falls sie ihn attraktiv findet – die Initiative für die weitere Gestaltung der Begegnung übernehmen. Die Zielstrebigkeit ihres Vorgehens bei der Befriedigung ihrer sexuellen Wünsche könnte auf manchen Romantiker ernüchternd wirken. Doch wer auf diese Weise von einer Widder-Frau erobert wird, sollte stolz darauf sein, denn sie verschenkt ihr Herz nie wahllos!

Liebe als Lebenselixier

Ohne Liebe würde diese so leidenschaftliche Frau aus dem Widder-Zeichen seelisch verkümmern. Sie wünscht sich zärtliche Übereinstimmung mit ihrem Partner und erwartet, daß er auf ihre oft plötzlich auftauchenden Stimmungsschwankungen liebevoll eingeht.

Diese robuste und willensstarke Frau kann von einem Moment auf den anderen zu einem liebebedürftigen, sanften und romantischen Wesen werden, das viele Streicheleinheiten braucht – als Ausgleich zu den Anforderungen, die der harte Alltag oft für sie bereithält. In einer Liebesbeziehung wird sie die Aktive sein und immer Zeit für

Stille Wasser sind nichts für eine Widder-Frau. Sie liebt ein wild-bewegtes Liebesleben, in dem es hoch hergeht. Allzu zurückhaltende oder schüchterne Liebhaber wird sie selten erhören.

Liebe und Zärtlichkeiten haben. Wenn es den Sex nicht gäbe – eine Widder-Frau würde ihn sicher erfinden. Dabei kommt es ihr oft gar nicht so sehr auf die Gefühle ihres Partners an – Hauptsache, sie kommt bezüglich der eigenen Gefühle auf ihre Kosten.

Lustspielereien ohne Zärtlichkeiten sind der Widder-Frau ein Greuel. Sie freut sich, wenn die Augen ihres Partners wie unabsichtlich über ihre sanften Rundungen streichen und sie gleichsam liebkosen. Sie möchte für ihren Partner immer anziehend sein und hofft, daß sie für ihn auch dann attraktiv ist, wenn sich im Alter ein paar Fettpölsterchen zeigen und sie keine Traumfigur mehr hat.

Müde, unaufmerksame Männer mag sie nicht. Lieber sucht sie sich dann bei anderen Partnern ihre Befriedigung; denn Sex ist für sie ein Teil der Liebe, die ewig währen soll. Zur seelischen Übereinstimmung in einer Partnerschaft gehört nach Meinung der Widder-Frau auch die körperliche Bereitschaft zur Erotik. Sie wünscht sich einen potenten, phantasievollen Liebhaber, der über die Schattenseiten ihrer Seele hinwegsieht.

Mit Zärtlichkeit zum Ziel

Lust auf Liebe hat eine Widder-Frau eigentlich immer, dadurch ist sie in der Regel nicht frei verfügbar: Sie behält sich die Freiheit der Entscheidung über das Wann, Wo und Wie vor. Da mag der Mann – angeregt von der charmanten Widder-Frau – sich in Geduld fassen, wenn sie noch erst ein Problem ausdiskutieren will.

Diese so sinnliche Frau will vorab gestreichelt werden. Nach alten medizinischen und astrologischen Vorstellungen ist dem Tierkreiszeichen Widder der Kopf zugeordnet. Dementsprechend gehört das

Das hintergründig Lockende im Wesen einer Widder-Frau:
»Mona Lisa« von Leonardo da Vinci, der selbst ein Widder war.

Gesicht zu ihren empfindsamsten Körperzonen. Lustvoll reagiert sie auf sanftes Streicheln ihrer Haare, auf gehauchte Wangenküsse und ein zartes Knabbern an den Ohrläppchen. Lippen- und Zungenküsse steigern ihre Lust. Dabei hört sie auch gerne, wie reizend man sie findet.

Eines sollte der Liebhaber einer Widder-Frau vor allem bedenken: Sie hat Temperament und liebt bei ihm Phantasie. Auch im Intimleben ist sie angriffslustig, Widerstand erregt sie und erhöht ihre Leidenschaft, die sich nicht so schnell erschöpft. Wer da nicht mithalten will, sollte sich keine Frau aus diesem Feuerzeichen als Partnerin suchen. Die Widder-Frau läßt sich nicht zum Objekt männlicher Lüste machen, sondern ist selbst mitbestimmend im Liebesspiel. Sie verlangt von ihrem Partner das Eingehen auf ihre Wünsche und ist dafür zu völliger Hingabe bereit. In der Liebe hat sie unglaubliche Ausdauer; nach dem ersten Höhepunkt sind ihre Kräfte noch lange nicht erschöpft.

Krach um der Versöhnung willen

Widder-Frauen lassen sich auf Dauer ebensowenig von Schmeichlern beeindrucken wie von Langweilern, die sich ihr willenlos unterordnen, ohne eigene Initiative zu zeigen. Widder-Frauen bevorzugen Männer, die wissen, was sie wollen. Stark, aber nicht stur sollte der Mann an ihrer Seite sein.

Die Widder-Frau erhält sich ihre körperliche und geistige Frische bis ins hohe Alter. Deshalb mag sie auch keinen Mann, der schon in jungen Jahren wehleidig ist. Sie sucht die Bewegung in frischer Luft und wandert gern durch Feld und Wald. Als Begleitung wünscht sie

Körperliche und geistige Frische holt sich die Widderin am liebsten beim Wandern und Joggen durch Feld und Wald.

sich einen sportlichen Partner, der wie sie Freude an der Bewegung in der freien Natur hat.

Die Widder-Geborene kann wunderbar streiten, denn wo es blitzt und donnert, fühlt sich die Mars-Tochter zu Hause. Aber oft sucht sie den Krach nur um der Versöhnung willen. Sie verzeiht gern, wenn auch ihr verziehen wird. Ihr Taktgefühl ist nicht sehr entwickelt, und sie beharrt bis zuletzt auf ihrem Standpunkt. Ihr ausgeprägter Gerechtigkeitssinn führt aber dazu, daß sie sofort bereit ist nachzugeben, wenn ihr bewußt wird, sich falsch verhalten zu haben. Auch in einer Ehe oder einer festen Beziehung wird die Widder-Frau alles versuchen, um sich durchzusetzen, zur Not mit Tränen. Sie schätzt den gleichberechtigten Partner, der erst nach hartem Kampf nachgibt, und verabscheut »Pantoffelhelden«.

Fröhlichkeit und Lachen lenken diese oft so widersprüchliche Frau von den Untiefen ihrer Nachtseele ab, die auszuloten selbst nach Jahren des Zusammenseins verboten ist. Humor entwaffnet dieses Temperamentsbündel, das sogar über sich selbst lachen kann – vielleicht der schönste Zug der Widder-Frau.

Wer zu ihr paßt

Nur wenige Widder-Frauen sind zufrieden, wenn sich ihre Lebensaufgabe auf die Sorge um Heim und Familie beschränkt. Sie hat auch in einer festen Beziehung meist noch Ambitionen, sich auch in einem anderen Umfeld zu bewähren. Ihr reicht es nicht, lediglich Hausfrau und Mutter zu sein. Nicht nur darum paßt nicht jeder Sternentyp zu ihr. »Die Schale muß man knacken, um an den Kern zu gelangen«, könnte der Wahlspruch eines *Widder*-Mannes sein, der eine Sternenschwester liebt. Doch er wird nicht unbedingt ihr

Eine Widder-Frau beharrt felsenfest auf ihrem Standpunkt.

idealer Ehemann werden, denn sie zahlt ihm seine Aggressivität mit gleicher Münze zurück. Beim Sex, meint man, müsse solche Angriffslust in heißen Gefechten mit immer neuen Höhepunkten enden. Am Anfang mag das so sein; aber solche Kämpfe können eine Beziehung zermürben, wenn nicht beide sich abwechselnd einmal die Hauptrolle im Bett zugestehen.

Der *Löwe*-Mann dagegen ist ihr Favorit in der Liebe, auch wenn er ebenfalls in einem Feuerzeichen geboren wurde. Die Widder-Frau läßt ihn schnurren, und wenn er sie »anfaucht«, dann faucht sie zurück. Besonders erfolgversprechend ist eine solche Verbindung, wenn der Löwe schon Erfahrung mit in die Partnerschaft hineinbringt und auch die Widder-Frau sich bereits die Hörner abgestoßen hat. Bei ihr vergißt der Löwe seinen königlichen Herrschaftsanspruch und läßt sie in der Beziehung »mitregieren«.

Ein weiterer Favorit der Widder-Frau ist der *Schütze*-Mann. Er lacht viel mit ihr und nimmt nicht jeden Streit, den sie vom Zaun bricht, wichtig, zumal er nach kurzer Zeit erkennt, daß bei ihr eine solche Kontroverse oft nur die Einleitung zu einer Versöhnung mit zärtlichen Gefühlen ist. Bei ihr erlebt der Schütze alle Abenteuer, die er sonst bei vielen anderen Frauen suchen müßte.

Zu heftigen Debatten wird es in einem festen Verhältnis mit einem *Zwillinge*-Mann kommen. Selbst beim intimen Beisammensein liefert er der Widder-Frau heiße Wortgefechte, über die er manchmal vergißt, daß er eigentlich zärtlich sein wollte. In dieser Verbindung will jeder recht behalten, und man trennt sich deshalb meist unentschieden. In einem Punkt stimmen Widder-Frau und Zwillinge-Mann jedoch überein: Für beide ist Sex die herrlichste Nebensache

Bei allem Temperament und Kampfgeist haben Widder-Frauen auch eine romantische Ader, die aber geweckt werden will. Ideale Partner sind da Fische-Geborene, die ihre Auserwählten mit viel Gefühl und einem Schuß Humor umwerben.

der Welt. Nur darf man die meist wortreichen Streitgespräche nicht übermäßig in die Länge ziehen; denn die Widder-Geborene geht gern direkt und offen auf ihr Ziel zu.

Der *Fische*-Mann spricht voller Gefühl die romantische Ader der Widder-Frau an. Ihren Herrschaftsansprüchen begegnet er mit Humor, von dem sie sich schließlich anstecken läßt. So kann auch eine solche Verbindung dauerhaft sein. Was beweist, daß die Betulichkeit eines Fisch-Geborenen mit ihrer heißblütigen Art durchaus harmonieren kann.

Wassermann und Widder-Frau brauchen keinen Trauschein, um zufrieden zusammenzuleben. Sie bilden eine Kampfgemeinschaft, in der der Wassermann das Sagen hat, sofern er das tut, was die Widderin will. Er ist ein verständnisvoller Liebhaber, selbst wenn er manchmal auf Abwege sinnt. Aber er wird mögliche andere Frauen bei seiner phantasie- und temperamentvollen Widder-Geliebten bald vergessen.

Die *Waage* steht astrologisch in Opposition zum Widder-Zeichen. Da die Widder-Frau jedoch hin und wieder den Streit liebt, spricht nichts gegen eine solche Verbindung – zumal der Venusjünger sich nur zu gerne versöhnt, da er im Grunde Harmonie sucht und Konfrontationen lieber aus dem Weg geht. Falls nicht ungünstige Aszendenten oder Planetenkonstellationen im Horoskop eine solche Verbindung trüben, kann sie von langer Dauer sein.

Was die Widder-Frau anfangs an dem *Stier*-Mann stören wird, ist seine übergroße Bequemlichkeit. Sie wird versuchen, ihn mit ihrer eigenen Aktivität anzustecken. Wer sich nach solchen beiderseitigen, meist vergeblichen Umerziehungsversuchen aneinander gewöhnt hat, wird meist lange zusammenbleiben. Die Widder-Frau schätzt an ihrem Stier, daß er treu und zuverlässig ist, wenn er auch nicht immer ihre feurigsten Gefühle entfachen kann. Er wiederum lernt mit der Zeit auch die streitlustige, stets versöhnungsbereite Widderin zu schätzen.

Wenn der *Jungfrau*-Mann bei der Widder-Frau nicht schnell seine sprichwörtliche Pingeligkeit verliert, wird es kaum zu einer dauerhaften Beziehung kommen. Aber da er gescheit ist und sich flexibel auf andere Menschen einstellen kann, wird man sich vielleicht doch näherkommen. Dann läßt sich der sonst so zögernde und zurückhaltende Jungfrau-Mann durch die Widder-Dame zu überschwenglichen Gefühlen hinreißen und verliert seine Scheu vor der Ehe.

Der *Krebs*-Mann mag es gern etwas beschaulicher, weshalb er versucht, seine temperamentvolle Widder-Freundin etwas zu bremsen, auch wenn er noch so gut mit ihr mithalten könnte. Wenn er dann, was häufig vorkommen wird, an ihr herumzumäkeln beginnt, wird sie ihm im Gegenzug seine schwachen Seiten vorhalten. Anders als die Widder-Frau sucht der Krebs jedoch nicht die offene Konfrontation, sondern zieht sich lieber schmollend in sich selbst zurück. Eine Krebs-Widder-Gemeinschaft kann ein Leben lang halten, wenn sie durch harmonierende Aszendenten begünstigt wird.

Was die Widder-Frau an ihrem *Skorpion*-Freund gleich zu Anfang ihrer Verbindung stört, ist sein allzu stures Beharren auf einer vorgefaßten Meinung. Das ruft sofort ihren Widerspruchsgeist auf den Plan, und es kommt zu heftigen Auseinandersetzungen.

Nach Streit und Hader findet man jedoch in einer versöhnlichen Umarmung zueinander und zu der Einsicht, daß die Gemeinsamkeiten das Trennende überwiegen, auch wenn der Haussegen von Zeit zu Zeit schief hängt.

Für den *Steinbock*-Mann ist die häusliche Ruhe besonders wichtig, weil er außerhalb der eigenen vier Wände seinen Geschäften nachjagen muß, um den Wohlstand auch seiner Widder-Frau zu sichern. Was sie daran stört, ist wohl, daß er über der Arbeit manchmal seine ehelichen Pflichten vergißt. Erst wenn er beruflich konstant erfolgreich ist, wird er sich stärker um sein Privatleben kümmern. Ob die anspruchsvolle und aktive Widderin solange warten möchte, ist allerdings fraglich.

Der Widder-Mann: wie der junge Frühling

Der Widder-Mann ist wie der junge Frühling, der sich gegen die Unbilden des Wetters Ende März und im April durchsetzen muß. Kraftvoll drängt er seinen Zielen entgegen und achtet kaum auf die Bedürfnisse seiner Umwelt. Ohne andere an seinen Ideen teilhaben zu lassen, geht er seinen Weg. Das macht ihn oft unberechenbar wie das Wetter im Lenz.

Hinzu kommen die plötzlichen Stimmungsumschwünge des Widder-Mannes, der fröhlich und unbeschwert in den Tag hineinleben und gleich darauf verschlossen und grüblerisch wirken kann. Wie seine Sternenschwester ist er leicht zu entflammen, aber die Begeisterung klingt ebenso schnell wieder ab.

Was sich ein Widder-Mann jedoch einmal in den Kopf gesetzt hat, das führt er durch, auch wenn noch so viele Vernunftgründe dagegen sprechen. Nur sein sprichwörtliches Pflichtgefühl kann ihn zum Umdenken zwingen. Diese impulsive Art schafft dem Widder nur wenige echte Freunde, wirkt jedoch oft als Anreiz für einen Flirt. Seine Anziehungskraft auf Frauen will der Widder durch sein Äußeres verstärken. Der echte Widder, der überzeugt ist, daß er Adonis und Herkules in sich vereint, will den Frauen durch zuvorkommendes Benehmen und gepflegte Kleidung imponieren.

Bei Frauen ist er von bestrickender Liebenswürdigkeit. Wenn sie ihm erst einmal näher gekommen sind, werden sie auch seine Zärtlichkeit kennenlernen. Dieser smarte Draufgänger sammelt schon in jungen Jahren Erfahrungen, die er in späteren Beziehungen auswertet und ergänzt. Er ist sich seiner anziehenden Wirkung auf das andere Geschlecht bewußt und keinem Abenteuer abgeneigt. Wie der ebenfalls in einem Feuerzeichen geborene Löwe-Mann mag auch der Widder Frauen, die ihn bewundern. Und er ist auch bereit, mit

Die strahlende Pfingstrose gehört zu den Glücksblumen der Widder.

ihnen eine Liaison einzugehen, ohne daß tiefere Gefühle im Spiel sind. Manchmal dauert eine solche Beziehung nur eine Nacht, und man trennt sich danach, als sei nichts gewesen.

Nach einer solchen unverbindlichen Begegnung schimpfen die Widder oft über die Oberflächlichkeit und Flatterhaftigkeit der Frauen und übersehen dabei geflissentlich die eigene Unbeständigkeit.

Aufgeschlossenheit in Sachen Sex

Der Widder-Mann prahlt nicht mit seinen sexuellen Fähigkeiten, aber er ist allen Spielarten der Sexualität gegenüber aufgeschlossen. Sein Herzenswunsch ist jedoch etwas anderes: ein unberührtes

Rot wie der Mohn ist die Farbe dieses Feuerzeichens.

Mädchen, das sich seinem Willen unterordnet und ganz allein für ihn da ist. Das kann die sprichwörtliche Unschuld vom Lande ebenso sein wie die lebenserfahrene Frau, die für ihn ihre Unberührtheit wiedererlangt wie einst Griechenlands Götterkönigin Hera, von der es heißt, sie habe ihre Jungfräulichkeit Jahr für Jahr durch ein reinigendes Bad in einer eigens für sie fließenden Quelle erneuert. Auch in der Liebe will der Widder – wie überall – der erste sein. Er glaubt dabei nicht an die Liebe auf den ersten Blick, sondern meint, daß sie erst allmählich wächst. Bei allem Draufgängertum, das man ihm nachsagen kann, wirkt der Widder zurückhaltend und schüchtern, wenn es um die Frau geht, die ihn wirklich interessiert und von der er glaubt, daß sie die Mutter seiner Kinder werden könnte.

Solch eine zögerliche Haltung legte schon manche Frau als Gleichgültigkeit aus – und wandte sich einem anderen Mann zu. Enttäuschungen kann der Widder jedoch schnell verwinden, denn er trauert der Vergangenheit und verpaßten Gelegenheiten nicht lange nach. Lieber wendet er seine Gedanken der Zukunft zu, in der er – so seine Hoffnung – doch noch die Frau seiner Träume kennenlernt. Die Frau, die in einer festen Verbindung mit einem Widder lebt, hat es nicht leicht. Sein totaler Besitzanspruch ist bekannt. Er will die Frau fürs ganze Leben, ein Ausbrechen gibt es da nicht. Da kann ein kurzer Blick genügen, um den Widder zu Eifersuchtsszenen zu reizen. In jungen Jahren ist er treu wie Gold, wenn dann nach langen Jahren jedoch bloße Routine den Alltag bestimmt, sucht der Widder oft Abwechslung bei anderen Frauen.

Er mag's auf die sanfte Tour

Zunächst einmal brauchen Frauen, die mit einem Widder-Mann anbandeln wollen, sehr viel Geduld und Zurückhaltung. Die sanfte Tour macht ihn zahm, auch wenn er weiterhin den Starken mimt.

Kluge Frauen bewundern und loben ihn, ohne jedoch völlig auf Kritik zu verzichten. Jeder Widder verträgt Widerspruch; an ihm entzündet sich sein Temperament.

Er liebt die heißen Diskussionen, auch wenn sie manchmal in heftige Streitereien ausarten, bei denen Lautstärke die fehlenden Argumente ersetzt. Da sollte die Partnerin ruhig auf gleiche Weise kontern. Wenn sie dann rechtzeitig einlenkt, wird er ihre Umsicht langfristig bewundern lernen.

Die kluge Frau, die es auf diesen Heißsporn abgesehen hat, sieht großzügig über mögliche Taktlosigkeiten hinweg, denn im Grunde genommen ist er ein Gentleman, bei dem nur einige kleine Fehler eingewebt sind. Ein Widder-Mann nimmt seinen Mitmenschen und vor allem seiner Partnerin nichts übel; trotzdem sollte die Frau, die

Die kämpferische Kraft eines Widder-Mannes spricht auch aus den seinem Zeichen zugeordneten Tieren: dem Tiger...

seine Favoritin werden möchte, mit dem Kontrageben warten, bis sich die Beziehung ein wenig gefestigt hat: Gegensätzlich wie der Widder ist, wünscht er zwar den Widerspruch einer Frau, doch zugleich auch ihre bedingungslose Hingabe.

Ein Widder-Mann liebt die Wahrheit und kann sie auch vertragen, wenn sie einmal unangenehm für ihn ist. Wer ihm Lügen auftischt, wird bei ihm ebenso auf Ablehnung stoßen wie die Unpünktliche, die ihn an irgendeinem Treffpunkt warten läßt.

Ein Widder-Mann hat seine Prinzipien. Er will um die Frau, die er liebt, kämpfen müssen. Wer sich ihm gleich geschlagen gibt, bleibt für ihn nichts als eine bloße Liaison. Ein Widder-Mann will Widerstand verspüren, den er brechen kann. Das schmeichelt seiner Männlichkeit.

... und dem wilden, potenzstarken Wolf, der jedoch nur dann angreift, wenn er selber angegriffen wird.

Seine erogenen Zonen

Hat der Widder-Mann tieferes Interesse an einer Frau gefunden, kann es eine Weile dauern, bis er eine sexuelle Beziehung beginnt. Die bis dahin gezügelte Leidenschaft bricht erst später mit Vehemenz hervor. Dann kann die Partnerin restlose Hingabe erwarten. Er will verführen und mit seiner Partnerin von Höhepunkt zu Höhepunkt gelangen. Seine erotische Phantasie und Ausdauer machen ihn zu einem anspruchsvollen Liebhaber. Wer da nicht mithalten kann, die schult er um, oder er gibt ihr den Laufpaß.

Obwohl der Widder-Mann ein Tüftler in der Liebe ist, ist er für lange Vorspiele kaum zu haben. Die Partnerin, die ihn noch feuriger

Seine erotische Phantasie und Ausdauer machen den Widder zu einem anspruchsvollen Liebhaber. Er ist stolz wie der Hahn, der seit alters dem Widder-Zeichen zugeschrieben wird.

haben will, massiere leicht seine Kopfhaut, kraule seine Haare und womöglich den Bart. Sanftes Berühren seiner Lippen mit den Fingerkuppen erotisiert ihn ebenso wie Küsse, die man ihm auf Ohren, Augen und den Nacken hauchen sollte. Die Nervenenden am Kopf reagieren beim Widder-Mann am empfindlichsten.

Es ist nicht leicht, die unterschiedlichen Ansprüche des Widders zu befriedigen: Mal will er Widerstand, den es zu brechen gilt, mal sanfte Nachgiebigkeit, dann fühlt er sich doppelt bestätigt. Wenn er seine »Studienjahre« hinter sich hat, ist der Widder-Mann der perfekte, aber bestimmende Liebhaber. Kluge Frauen ordnen sich seinen Bedürfnissen unter. Allerdings ist der Widder einsichtig genug, auch einmal zu verzichten: Morgen ist ja auch noch ein Tag.

Wie eine Spinne umgarnt der Widder-Mann die Frau, auf die er es abgesehen hat, in einer Art Netz. Aus diesem gibt es dann oft keine Möglichkeit des Entrinnens mehr.

Der perfekte Liebhaber

Der wißbegierige, phantasievolle Widder, der sich immer dem Neuen und Andersartigen zuwendet, lehnt auch im Sexualleben jegliche Routine ab. Er sucht Abwechslung, und wenn er sie bei seiner Partnerin nicht finden kann, geht er womöglich eine neue Beziehung ein. Auch in einer festen Verbindung möchte der Widder stets Neues ausprobieren und etwas dazulernen. Wo dies nicht mehr möglich ist, kann es zur Trennung kommen. Ein solcher Schritt fällt dem Widder jedoch schwer, denn oft hält er an der einmal getroffenen Entscheidung für eine Partnerin fest. Die Partnerin eines Widders benötigt viel Einfühlungsvermögen und Diplomatie; zu widersprüchlich ist sein Charakter und zu groß sind die Untiefen in seiner Nachtseele. Um das düstere Bild des Widders in dieser Beziehung etwas abzuschwächen, sei vermerkt, daß er die Frau, mit der er auf Dauer zusammenlebt, als gleichberechtigt behandelt, solange sie sich seinen Wünschen unterordnet. Dazu gehört zum Beispiel, daß sie sein Lieblingsparfüm auflegt und ihn zu Hause verwöhnt. Liebe und übergroßes Verständnis für ihn und seine Widersprüche sind zarte Fesseln für ein langes Leben Seite an Seite mit ihm. Die Partnerin eines Widder-Mannes sollte auch seine Hobbys lieben lernen. Er regeneriert sich am besten an der frischen Luft in freier Natur.

Die Favoritinnen eines Widders

Natürlich hat jeder Widder-Mann seine Favoritinnen für das Leben zu zweit, die aus astrologischer Sicht besonders gut zu ihm passen. Wer noch nicht die Richtige gefunden hat, dem sollen im folgenden die Frauen des Tierkreises vorgestellt werden.

Die Traumfrau eines Widder-Mannes sollte sich geheimnisvoll geben.

Der Widder-Mann bevorzugt die Dame aus dem *Löwe*-Zeichen, die ihm immer wieder hilft, im Leben voranzukommen. Ausruhen ist nicht die Sache eines echten Widders. Er will kämpfen – und siegen! Dabei unterstützt die Löwe-Frau ihn mit Geschick und Ausdauer. Es ist ihr hinhaltender Widerstand, der sie zu seiner Lieblingsfrau macht. Sie paßt auch deshalb am besten zu dem Mars-Jünger, weil sie das gleiche Feuer an den Tag legt wie er – in der Liebe wie im Streit. Bei der Versöhnung aber ist sie schmusig wie ein Kätzchen.

Die *Schütze*-Frau handelt im allgemeinen nach ihren eigenen Vorstellungen. Das imponiert dem Widder, den es reizt, ihren Widerstand zu brechen. Leidenschaftliche Gefechte gehören deshalb zum Widder-Schütze-Alltag. In einer solchen Verbindung erzieht man sich gegenseitig und korrigiert die vielen Fehler, die man wechselseitig findet. Die Gesprächsthemen gehen nicht aus, und das ist es, wie man weiß, was eine Ehe zusammenhält. Da die Liebe zur Natur, das Wandern und das Reisen zu beider Hobby gehören, kann eigentlich nichts schiefgehen.

Sexuelle Hemmungen kennt die *Zwillinge*-Frau nicht, aber sie wird die rasante Art des Widders manchmal bremsen, weil sie einfach mehr Spaß an einem geistreichen Vorspiel hat. Der Widder-Mann bewundert diese kluge Frau. Wenn sie sich zurückhaltend gibt, wird er immer wieder neu um ihre Gefühle werben und sie ihn zu immer neuen Taten beflügeln.

Hat der Widder bei einer *Wassermann*-Frau Feuer gefangen, kann er sich auf lustvolle Stunden freuen. Da fragt er nicht lange, woher sie ihre Erfahrungen hat. Und noch etwas bietet ihm die Wassermann-Frau, das er lebensnotwendig braucht: Wenn er Streit sucht, gibt sie ihm Kontra. Doch der Haussegen hängt nie lange schief – Widder und Wassermann versöhnen sich ja so gern ...

Die königliche Löwe-Frau ordnet sich nicht so leicht unter, und das reizt jeden richtigen Widder.

Am gegenseitigen Widerstand versuchen sich auch Widder-Mann und *Widder*-Frau zu erfrischen. In einer solchen Verbindung geht's oft recht turbulent zu, da beide konfliktfreudig sind und (manchmal rücksichtslos) ihren Willen durchsetzen wollen. Das dabei zerschlagene Porzellan beweist, daß Menschen aus dem gleichen Tierkreiszeichen nicht immer ideale Partner sind.

Am besten hätte es der Widder-Mann vielleicht bei einer *Waage*-Frau, die gern nachgibt, wenn er Stärke zeigt. Da aber die beiderseitigen Tierkreiszeichen in Opposition zueinander stehen, könnte diese Nachgiebigkeit den Widder auf Dauer langweilen. In einem solchen Verhältnis kommt es auf die Aszendenten und die Planetenkonstellationen der jeweiligen Partner an. Davon hängt die Beständigkeit einer solchen Beziehung ab.

Bei der *Jungfrau*-Geborenen macht den Widder die etwas unterkühlte Art neugierig. Das weckt in ihm den Wunsch, sie zu entflammen und dahinschmelzen zu lassen. Leider erntet er mit seinen Versuchen, mit ihr zu streiten, nur Spott und Hohn. Und ihre Kritiklust wird ihn rasend machen, wenn sie ständig auf ihn abzielt. Auch hier müßten passende Aszendenten helfen zu retten, was zu retten ist.

Der Mars ist nicht nur im Zeichen des Widders bestimmend, sondern auch im *Skorpion*. Da wird gestritten und gelitten und versöhnt und verwöhnt. Die Skorpion-Frau treibt den Widder zu Höchstleistungen an. Sie liebt wie er den Kampf und den Sex. Wenn da nur nicht die – aus Sicht des Widders – grundlose Eifersucht der Skorpion-Frau wäre.

Zum Kampf der Geschlechter kommt es auch in einer Widder-Stier-Verbindung. *Stier*-Frauen möchten gern überall mitreden, was dem Widder-Mann nicht immer gefällt. Bleibt sie stur, lenkt er ein – und umgekehrt ist's genauso der Fall. In solchem Verhältnis kann es – wie man sieht – sehr turbulent zugehen. Die ständigen Reibereien können die Beziehung aber mit der Zeit zermürben.

Bei der *Krebs*-Frau fühlt sich der Widder-Mann oft völlig verunsichert, weil sie mit ihrem ewigen Für und Wider seinen Elan bremst. Nur gut, daß sie manchmal auf ihrer Meinung beharrt. Das erweckt seinen Widerspruch. Das oft heftig entbrennende Streitgespräch endet meist unentschieden auf sanften Kissen, denn auch die Krebs-Frau liebt die Versöhnung.

Bei der *Fische*-Frau gerät der Widder an ein zartes und empfindsames Wesen, das er mit seiner Stärke und seiner Sexualität faszinieren kann. Wenn er streitet, wird sie versuchen, sich mit Tränen zu wehren. Doch mit der Zeit wird der Widder sich auch bei der Fische-Frau durchsetzen.

Schwierig gestalten kann sich die Verbindung des Widder-Mannes mit einer *Steinbock*-Frau, die sich an seiner Seite zwar nicht langweilen wird, aber manchmal darüber klagt, daß er von ihr wieder einmal zuviel verlangt. Sie möchte sich auch einmal zurückziehen und ist im sexuellen Bereich nicht immer bereit, seine Wünsche zu erfüllen.

Jeder Widder strebt nach oben

Mögen die Widder-Menschen in der Liebe auch manchen verschlungenen Pfad gehen, im Beruf gilt für sie nur der Weg, der nach oben führt. Im Arbeitsleben sind sie hart gegen andere und gegen sich selbst. Sie streben nach Erfolg, Anerkennung und Macht.

Der Widder-Mensch hat Ideen und Arbeitseifer genug, um in jedem Beruf erfolgreich zu sein, auch wenn er die Kleinarbeit meist den anderen überläßt.

Vorgesetzte loben seine Entschlossenheit und Tatkraft sowie den nimmermüden Einsatz. Aber Worte allein genügen dem Strebsamen nicht: Er möchte eine Aufbesserung seiner Bezüge außer der Reihe und vor allem eine Verbesserung seiner beruflichen Position, um mehr Einfluß ausüben zu können.

Unzufriedene Widder gibt es in kaum einem Betrieb, weil sie ohne Zögern eine Stellung wechseln, die ihnen nicht gefällt. Ihre Zeugnisse sprechen für sich, weshalb die wechselwilligen Widder meist schnell einen neuen Arbeitsplatz finden.

Auch in Notzeiten wollen Widder-Menschen ihre Unabhängigkeit behalten und nicht auf private oder staatliche Unterstützung angewiesen sein. Sie würden jede Arbeit annehmen, um sich selbst und anderen zu beweisen, daß sie auf eigenen Füßen stehen können.

Natürlich hat der Widder, ob Frau oder Mann, manche Schwierigkeiten im Berufsleben zu überwinden, vor allem, wenn er sich wieder einmal in eine scheinbar erfolglose Sache verbissen hat. Er beharrt stur auf dem, was er einmal für richtig erkannt hat. Möglich, daß ihm hinterher der Erfolg recht gibt, aber dann ist es meist zu spät, weil er längst in eine andere Stellung gewechselt ist. Sein cholerisches Temperament verleitet ihn oft zu Kurzschlußreaktionen.

Zu den besten Charakterzügen der Widder-Menschen gehört jedoch, daß sie einsehen, wenn sie Unrecht haben und für ihre Fehler furchtlos einstehen. Obwohl sie manchmal die Ellenbogen gebrauchen, um Konkurrenten aus dem Gleichgewicht zu bringen, schließen sie gern mit Arbeitskollegen Freundschaften und fördern ihre Mitarbeiter, wenn sie in der Chefetage angekommen sind. Das bringt ihnen oft den Vorwurf der »Vetternwirtschaft« ein.

Berufe, die Erfolg versprechen

Widder-Männer sind recht ungeduldig und immer auf der Suche nach einer neuen Position, in der sie mehr Einfluß haben als in der vorherigen. Ihr Ziel ist der Platz an der Sonne, den die meisten aus diesem so marsbetonten Zeichen auch erreichen werden.

Wie ein Habicht seine Beute verfolgt ein Widder seine Ziele.

Besonderen Erfolg haben Widder-Männer in Berufen, in denen Energie und Autorität gefragt sind, etwa beim Militär oder bei der Polizei. Hier können sie ihren Mut beweisen und Ordnung schaffen. Sie sind jedweder Obrigkeit gegenüber loyal – eine Haltung, die sie befähigt, in der Rangordnung nach oben zu steigen. Im polizeilichen oder militärischen Bereich können sie außerdem gesetzlich legitimiert Macht ausüben. Sie werden sie nicht mißbrauchen, weil sie jede so geartete Tätigkeit als Dienst am Menschen verstehen.

Die Mars-Schützlinge sind außerdem für alles Technische und Handwerkliche begabt. Sie setzen dabei ihre Hände mit Verstand ein. Leonardo da Vinci zum Beispiel, der italienische Maler, Bildhauer, Baumeister, Naturforscher und Techniker, wurde im Widder-Zeichen geboren. Er untersuchte den Vogelflug und entwarf eine Flugmaschine, deren Konstruktionsprinzip fast 400 Jahre nach seinem Tod zur Erfindung des Flugzeugs beitrug.

Im Verkehrsbereich arbeiten Widder-Männer als hervorragende Flieger, Lokomotivführer und Taxichauffeure. Auch draufgängerische Rennfahrer und Testpiloten kommen aus diesem Tierkreiszeichen. In der Forschung sind sie ebenso zu finden wie unter den Chirurgen, die geschickt mit dem Skalpell umgehen können. Als Buch- und Zeitungsverleger fördern sie oft junge Talente.

Jeder Widder-Mann liebt die Beschäftigung in Wald und Feld, weshalb er wie kaum ein anderer im Tierkreis in den Beruf eines Land- oder Forstwirts drängt. Seine Naturliebe befähigt ihn, für ein ökologisches Gleichgewicht in dem von ihm kontrollierten Bereich zu sorgen.

Keinen Skrupel kennen Widder-Männer als Politiker, die das selbstgesteckte Ziel mit allen Mitteln erreichen wollen. Sie haben die Gabe, in der Regierung, aber auch in der Opposition Impulse zu

Widder-Geborene setzen sich oft für ihre Arbeit ein, aber sie drängen auch rücksichtslos an die Spitze.

geben. Ihre Beharrlichkeit führt sie in die Chefetage, wo sie sich mit viel Geschick einen Mitarbeiterstab aufbauen, an den sie wichtige Aufgaben delegieren können. Oft sind sie Weltmeister im Aussitzen schwieriger Situationen.

Als Chefs in großen Wirtschaftsunternehmen kennen Widder-Männer keine Probleme; deren Lösung überlassen sie ihren Mitarbeitern. Kommt es aber zu existentiellen Schwierigkeiten, bemühen sie sich um eine Bewältigung des Konflikts, stehen zu eigenen Fehlern und stellen sich schützend vor ihre Untergebenen. Ein Widder scheut die Verantwortung nicht!

Die Widder-Frau ist emanzipiert

Die Widder-Frau ordnet sich nicht gern unter. Am liebsten würde sie in einem freien Beruf ihre Ideen verwirklichen, dabei erweist sich ihr mangelnder Sinn für Geld jedoch oft als Hindernis. Wenn sie also erst einmal gelernt hat, sich nicht zu verzetteln, sondern sich auf das Wesentliche zu konzentrieren, setzt sie sich durch, was viele Frauen bestätigen können, die jemals in der freien Wirtschaft Karriere gemacht haben.

Die Widder-Frau ist emanzipiert und kommt auch in Männerberufen hervorragend zurecht. Man findet besonders in den technischen und handwerklichen Berufen viele im Widder-Zeichen geborene Frauen, die mit Geschick ihren männlichen Kollegen Paroli bieten und sie oft sogar übertrumpfen.

Als Ärztin, aber auch als Hebamme leistet eine Widder-Geborene Überdurchschnittliches, wobei sie vor allem durch ihre Herzlichkeit im Umgang mit Patienten besticht. Viel Geschick haben Widder-

Auch wenn mancher Mann es nicht wahrhaben will: Widder-Frauen setzen sich auch in sogenannten Männerberufen durch.

Frauen als Kunstgewerblerinnen; als Naturwissenschaftlerinnen zeigen sie, daß sie komplizierteste Dinge einfach darstellen können. Auch in einem abhängigen Beruf will sich die Widder-Frau frei entfalten, etwa als Lehrerin, die einer Klasse unmündiger Kinder ihren Stempel aufdrückt, oder als Sekretärin, die selbständig an der Seite ihres Chefs steht. Wenn sie erst einmal ihren Traumberuf gefunden haben, werden viele Widder-Frauen ihn kaum wegen eines Mannes aufgeben wollen. Deshalb findet man wohl auch so wenige »Nur«-Hausfrauen im Mars-Zeichen.

Viele Managerinnen, Unternehmerinnen und auch Politikerinnen wurden im Widder-Zeichen geboren. Weibliche Chefs aus diesem Zeichen sind sehr geschickt bei der Auswahl von Fachleuten, deren Fähigkeiten sie nur zu koordinieren brauchen, um zu überdurchschnittlichen Ergebnissen zu gelangen.

Sie verlieren schnell die Lust

Auch die Männer aus dem Feuerzeichen haben die Gabe, die richtigen Leute an die richtige Stelle zu setzen, damit sie frei sind für die gewaltige Aufgabe, die Richtlinien zu bestimmen. Der einzige Nachteil für allzu machtbesessene Widder-Menschen in leitenden Positionen: Sie können niemanden neben sich dulden, der auf Mitbestimmung pocht. Darum verlieren die im Umgang mit ihren Mitmenschen so erfahrenen Widder-Geborenen manchmal die besten Mitarbeiter. Jeder Widder-Mensch hat eine Pferdenatur. Er kann manchen Rückschlag verkraften. Aus seinen Niederlagen lernt er, vorsichtiger zu sein und in Zukunft Hindernisse zu umgehen, statt über sie zu stürzen.

Widder-Menschen haben eine Pferdenatur: Wildpferde gehören darum astrologisch zu diesem marsbetonten Tierkreiszeichen.

Hat er erst mal sein Berufsziel erreicht, lernt man den Widder-Menschen als liebenswürdigen Kollegen kennen. Seine Ellenbogen spürt kaum noch jemand. Sein Wahlspruch heißt von da an: Leben und leben lassen! Nur in einem Punkt ist der Widder unerbittlich: Wo immer er Konkurrenz spürt, wird er sie ausstechen wollen. Man hüte sich also davor, sich mit ihm anzulegen!

Widder bringen Geld unter die Leute

Der Widder-Mensch ist nicht gerade ein Finanzgenie. Die eigenen Geldangelegenheiten verwaltet er eher schlecht als recht. Aber er ist ein unverbesserlicher Optimist, der hofft, daß irgendwann das, was er ausgibt, einmal doppelt und dreifach hereinkommen wird. Und er hat meistens recht.

Im Laufe seines Lebens wird der Widder-Mensch eine Menge Geld verdienen, und er wird es oft mit vollen Händen zum Fenster hinauswerfen. Eine Einmischung in seine Geldangelegenheiten wird er sich jedoch stets verbitten. Es sei schließlich sein eigenes, sauer verdientes Geld, das er ausgebe. Und überdies sei es volkswirtschaftlich sinnvoller, es unter die Leute zu bringen, als es im Sparstrumpf unter der Matratze zu verstecken.

Der Widder-Mensch liebt zwar alle Arten von Tieren, aber vom Sparschwein hält er nichts. Der Kreislauf des Geldes ist für ihn ein Naturgesetz. Erst wenn er genügend Geld verdient hat, wird er es in Aktien und anderen Wertpapieren anlegen, vor allem, wenn er eine Familie zu versorgen hat. Großzügig ist besonders der männliche Zeitgenosse aus dem Feuerzeichen. Wenn er seiner jeweiligen Part-

Hart wie Diamant kann der Wille eines Widders sein, weshalb
diese wertvollen Edelsteine auch zu seinen Glücksbringern zählen.
Bild Seite 54/55: Feuer ist das Element der Widder.

nerin eine Freude machen will, nimmt er vielleicht auch einmal einen Kredit auf. Seine Kinder unterstützt er mit reichlich Taschengeld, wenn sie sich seinem absoluten Willen unterordnen. Frauen dieses so verschwenderisch erscheinenden Mannes legen sich für Krisenzeiten am besten einen Notgroschen beiseite oder sie bleiben auch nach der Hochzeit berufstätig und verdienen ihr eigenes Geld. Über ihr Einkommen wird der Widder-Gatte nicht verfügen wollen.

Nicht ganz so leichtsinnig wie ihr Sternenbruder ist die Widder-Frau. Wenn sie nur noch wenig Geld ihr eigen nennt, beginnt sie sogar zu sparen. Auch sie hofft immer, daß ihr eines Tages der große Schnitt gelingt und sie in Saus und Braus leben kann. Geld ist für sie nicht unbedingt das Wichtigste auf der Welt, aber sie erträumt sich schon, einmal recht viel davon zu besitzen, um es dann großzügig ausgeben zu können.

Mit der Zeit kommt fast jeder Widder-Mensch zu Wohlstand und einem gewissen Reichtum, selbst wenn ihn das Sparen nicht reizt. Mit seinem starken Willen wird er auch in Finanzangelegenheiten nie ganz erfolglos sein. Er wird schließlich über ein ansehnliches Bankkonto verfügen, das er nach Lust und Laune und ohne Gewissensbisse plündern kann. Es gibt nur wenige Vertreter des ersten Frühlingszeichens, die das nicht in Heller und Pfennig ernten können, zu dem sie in harter Arbeit und mit starkem Durchsetzungswillen den Samen gelegt haben.

Auch Kämpfernaturen werden krank

Widder-Menschen wird körperliche und geistige Frische bis ins hohe Alter hinein nachgesagt. Sie haben meist ein starkes Herz, das zu ihrer großen Leistungsfähigkeit beiträgt und sie im Lebenskampf bestehen läßt. Aber auch ein Kämpfer wird einmal krank, allerdings nimmt der Widder seine alltäglichen Leiden kaum ernst.

Gerade bei einem beruflich ständig unter Hochspannung stehenden Typ wie dem Widder, halten die starken Nerven nicht ewig dem Druck von außen stand. Ihm fällt es schwer, den eigenen hohen Energieverbrauch auf ein erträgliches Maß herabzumindern, so daß er anfälliger für Krankheiten ist als manch anderes Sternzeichen.

Zunächst wird sich das nur in übergroßer Nervosität äußern, die aber mit der Zeit vor allem die Kopfnerven in Mitleidenschaft ziehen wird. Die Folge davon sind – besonders bei Frauen des Feuerzeichens – häufige Migränezustände, die selbst das Sehvermögen beeinträchtigen können.

Jeder Widder-Mensch, der ein solches Symptom bei sich feststellt, sollte schleunigst zum Augenarzt gehen. Es kann aber auch zu Verdauungsstörungen und inneren Leiden kommen, weil der Widder-

Das »stinkende Gewand« nannten die Griechen den Knoblauch, der bei Widdern als natürliches Antibiotikum wirkt.

Mensch in seiner Impulsivität möglicherweise gleich zu Abwehrmitteln greift, die den Körperhaushalt in Unordnung bringen.

Als Schützling des Mars ist der Widder ein sehr konfliktfreudiger Kämpfertyp, der oft blindlings gegen alles anrennt, was sich ihm entgegenzustellen wagt. Das sollten auch jene Widder-Geborenen bedenken, die sich zum Beispiel beim Sport allzu heftig ins Kampfgetümmel stürzen. Die Folge sind Verletzungen, die oft monatelang auskuriert werden müssen.

Mediziner haben festgestellt, daß die Kopfschmerzen bei so gearteten Menschen oft seelisch bedingt sind. Widder leiden zum Beispiel unter Spannungszuständen in der Familie oder in der Partnerschaft stärker, als sie wahrhaben wollen. So verschwinden die Kopfschmerzen häufig wieder, sobald die Harmonie wiederhergestellt ist.

Da die meisten Widder-Menschen Raubbau mit ihrem Körper treiben, sind sie trotz überdurchschnittlicher Widerstandsfähigkeit anfällig für Infektionen aller Art. Ein chronischer Schnupfen oder ein Hals-, Nasen- und Ohrenleiden sind die Folge. Zu den Gesundheitsrisiken zählen auch Tabak- und Alkoholgenuß, womit viele Widder-Menschen ihre Nervosität bekämpfen wollen.

Trotz der übermäßigen Anfälligkeit im Kopfbereich kann der Widder-Mensch aber ein rechter Methusalem werden, wenn er mit der gleichen Härte, mit der er den Kampf im Berufsleben führt, gegen sich selber und seine Gelüste vorgeht.

Dabei sollte der Widder-Geborene auch berücksichtigen, für welche Krankheiten sein Aszendent anfällig ist. So sind, astrologisch gesehen, möglicherweise Unstimmigkeiten im Knochen- und Blutsystem auf den Aszendenten Steinbock, Nieren- und Blasenleiden auf den Aszendenten Waage und Schwächezustände im Bereich des Magens, der Leber oder der Blase auf den Aszendenten Krebs zurückzuführen.

Der Jaspis gehört zu den Glückssteinen des Widders.

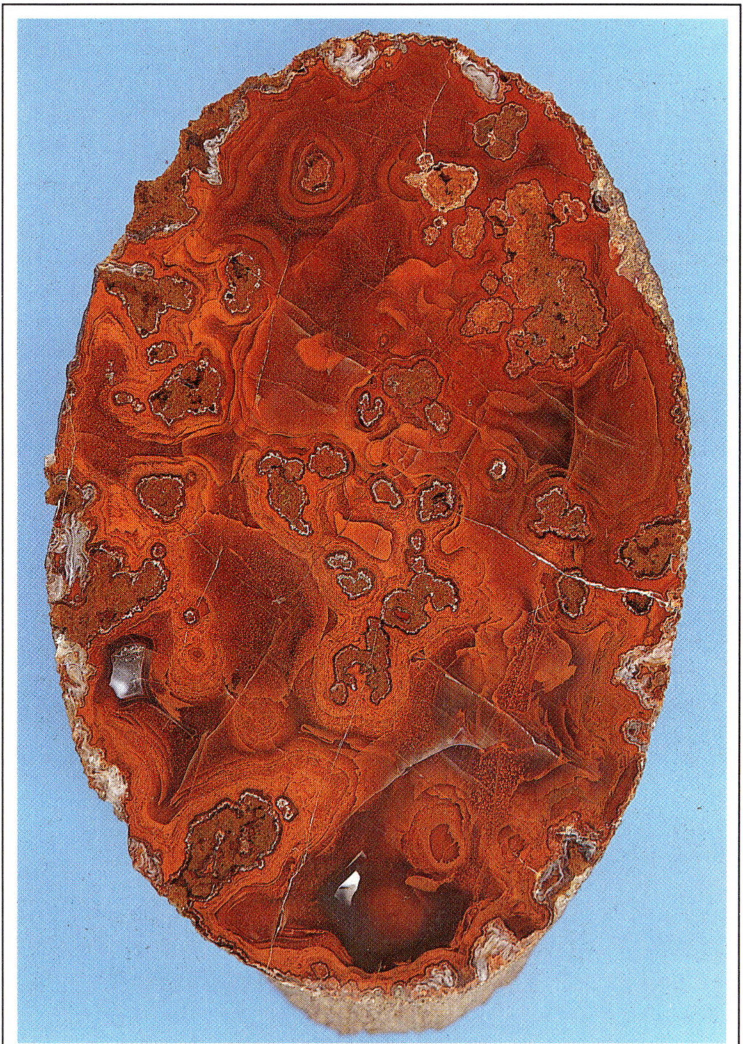

Zum Glück erholt sich der Widder von schweren Krankheiten erstaunlich schnell, vielleicht weil er gegen seine Leiden ankämpft. Eine Heilung ist jedenfalls oft von der seelischen Verfassung abhängig. Für den sonst so harten Typ heißt es: Ist die Seele angeknackst, muß auch der Körper leiden.

Des Widders Glücksbringer

An Hokuspokus glaubt der Widder-Mensch nicht. Aber er ist Realist und Idealist zugleich, und da er vielseitig interessiert ist, weiß er, daß die Natur täglich neue Wunder hervorbringt.

Ein eiserner Nagel vom Kreuz Christi steckt in dieser Eisernen (Gold-)Krone der Langobarden. Eisen ist das Widder-Metall.

Zunächst einmal wird er leugnen, abergläubisch zu sein. Warum aber tragen viele Widder-Menschen ein Amulett oder einen Talisman an goldener Kette um den Hals oder einen Ring am Finger, dessen Stein ihrem Geburtssternzeichen Glück bringen soll? Bloßer Schmuck kann das doch nicht sein ...

So gestand eine hochgestellte Persönlichkeit, die im Zeichen des Widders geboren wurde, vor Jahren dem Autor dieses Buches, sie trage seit der Jugendzeit einen kleinen eisernen Ring an einem dünnen Band um den Hals. Das sei ein Andenken an die Mutter, die behauptete, der eiserne Ring würde zeitlebens Glück bringen. Tatsächlich war Eisen schon im Altertum als Glücksmetall für Widder-Geborene bekannt. Ihre Glückssteine sollten Sie aber lieber in Gold fassen lassen, weil das wertbeständiger ist als blankes Eisen.

Der Diamant als härtester aller Edelsteine ist dem Widder als Talisman sehr recht. Er gilt als der Magnet des Glückes, der das Sonnenlicht in tausendfacher Weise brechen kann. Seinem Träger verleiht er Kraft und Mut und schützt ihn vor allem Bösen.

Auch der Blutstein, ein dunkelgrüner Jaspis mit roten Flecken, bringt dem Widder Glück. Der altgriechische Arzt Dioskurides schrieb ihm Heilkraft bei Kopfschmerzen aller Art zu, unter denen ja viele Widder-Menschen leiden. Er sollte an einer langen Kette auf bloßer Haut getragen werden.

Schon die Babylonier kannten diesen Stein und verwendeten ihn als Amulett gegen jedwede Krankheit. Viele Ägypter schmückten ihren Daumen mit einem Ring, den ein großer Jaspis zierte. Die Griechen glaubten, dieser Stein würde seinem Träger die Kräfte ihres Kriegsgottes Ares (Mars) verleihen, des Schutzpatrons im Widder-Zeichen. Eine christliche Legende besagt, daß Blutstropfen aus den Wunden des Gekreuzigten auf einen Jaspis gefallen seien, der seitdem rote Punkte trage.

Der transparente Amethyst, ein violetter Halbedelstein aus der Familie der Quarze, gilt als Stein der Liebenden. Im Mittelalter wurde

er deshalb den Widder-Männern als Talisman zum Erhalt der Potenz bis ins hohe Alter empfohlen. Nach astrologischer Ansicht der Griechen und Römer sollte der rauchbraune Sardonyx mit dem eingeschnittenen Zeichen des Mars dem Widder-Geborenen die Macht zum Befehlen geben, ihn furchtlos und widerstandsfähig machen. Der indische Karneol soll den Widder der Überlieferung nach vor schwermütigen Gedanken und der Granat vor bösen Geistern bewahren. Der tiefrote Rubin, Stein des Planeten Mars, soll ihm als Talisman Leidenschaft und siegbringende Kraft verleihen.

Ein Karneol als Talisman vertreibt den Widdern schwermütige Gedanken und schützt sie vor bösen Geistern.

Die Glückszahl des Widder-Zeichens ist die 1. Sie stellt das Ursprüngliche dar, den Anfang. Der Sonne geweiht, steht die 1 für das erste Haus des Tierkreises, das Domizil des Widder-Zeichens, in das die Sonne am 21. März eines jeden Jahres tritt. An diesem Tag beginnt auch der Frühling, die Morgendämmerung des Jahres nach der langen Nacht des Winters. Allen, die im Zeichen des Widders geboren wurden, soll die 1 Glück bringen. Besonders günstig sind für diese Menschen nach uralter astrologischer Weisheit der 1. und der 10. Tag eines jeden Monats.

Auch der tiefrote Rubin paßt wegen seiner Farbe und seines geheimnisvollen Feuers zum Sternzeichen Widder.

Pflanzen symbolisieren sein Wesen

Wunderschöne Blumen sind dem Widder-Zeichen zugeordnet. Pfingstrose und Dahlie gelten als Sinnbild des allem Schönen zugewandten Wesens eines in diesem Zeichen geborenen Menschen. Die Primel, vor allem die artverwandte Schlüsselblume als einer der ersten Frühlingsblüher, und die Anemone vermitteln etwas von der Kraft des Widders, die sich selbst gegen die härtesten Widerstände durchsetzt. Diese Blumen überdauern die Kälte der Winterzeit und durchbrechen schon im März die hartgefrorene Erde.

Gegen den wildwuchernden roten Mohn, die Blume des Planeten Mars, kämpfen viele Bauern vergeblich an. Er ist, wie im menschli-

Die Dahlie gilt als Sinnbild des allem Schönen zugewandten Wesens eines Widder-Menschen ...

chen Bereich der Widder-Geborene, kaum kleinzukriegen, es sei denn, man verwendet Mittel, die dem ökologischen Gleichgewicht der Natur schaden. Ist das der Beweis, daß man einen Widder-Typ nur mit unfairen Mitteln bremsen kann?

Distel und Klette, ebenfalls dem Widder-Zeichen zugeordnet, sagen etwas über das herbe, aber doch anhängliche Wesen der in diesem Tierkreiszeichen Geborenen aus, die auch den starken Duft von Flieder und Nelken mögen.

Bei den Heil- und Nutzpflanzen liebt es der Widder-Mensch – was ebenfalls leicht auf den Charakter umgedeutet werden könnte – scharf und spritzig: Pfeffer, Zwiebel, Knoblauch, Meerrettich, Ingwer, Tabak, Brennessel, Aloe und Christdorn werden seit jeher dem

... während die Distel etwas über die schroffe, aber doch sehr anhängliche Art dieses Sterntyps aussagen kann.

marsbetonten Zeichen zugeordnet, ebenso der Mandelbaum, dessen Blüten die allerersten Frühlingstage verschönen und dessen harte Frucht bildhaft das enorme Durchsetzungsvermögen der Widder-Menschen widerzuspiegeln scheint.

Ein Brautkranz, aus der weißblühenden, immergrünen Myrte geflochten, soll einer Widder-Frau immerwährendes Eheglück bringen, wenn sie ihn bis an ihr Lebensende aufbewahrt.

Von Widdern und anderen Tieren

Seit Urgedenken werden auch bestimmte Tiere dem Mars-Zeichen zugeordnet. Von dem kraftvollen Mufflonwidder war hier schon die Rede. Mit gesenktem Schneckengehörn geht dieses Wildschaf jeden Gegner an, der sich ihm entgegenzustellen wagt. Wer ihn in Ruhe weiden läßt, hat jedoch nichts zu befürchten. Hier sind sicherlich einige bemerkenswerte Charakterzüge der im Tierkreiszeichen Widder geborenen Menschen wiederzufinden.

In der griechischen Mythologie erschuf der Gott des Meeres, Poseidon, das schnelle Wildpferd aus den hoch aufschnellenden Wogen. Seitdem, heißt es, lebt in diesen edlen Tieren eine feurige Seele. Der Hengst eines Rudels duldet keinen Rivalen in der Nähe seiner Herde. Er bäumt sich auf und sucht den Kampf – wie die Menschen aus dem Widder-Zeichen, zu dem das Wildpferd seit dem Altertum gezählt wird. Aber die Widder-Geborenen haben auch etwas von der liebevollen Art der Wildpferdstuten mitbekommen, die sich zärtlich um ihren Nachwuchs bemühen und gelassen dem wilden Treiben ihres Herdenführers zuschauen.

Im Märchen spielt der böse Wolf oft eine Hauptrolle. In Wirklichkeit greift der dem Widder-Zeichen Zugeordnete nur dann an, wenn

Symbol der Geburtsstunde aller Widder: der blühende Mandelbaum.

er selbst angegriffen wird oder sich in einer anderen Notlage befindet. Seine ungeheure Kraft ist auch im Widder-Typ zu spüren, der aber ebenso in einem Nachfahren des Wolfs, dem treuen Hund, eine charakterliche Widerspiegelung findet.

Der kraftvolle Tiger und der auf seine Opfer blitzschnell herabstoßende Habicht, der potenzstarke und stolze Hahn, die listige Schlange und die alles umgarnende Spinne gehören ebenfalls zu den Tieren, die dem Widder-Zeichen zugeordnet werden.

Das Widder-Kind: der Mittelpunkt der Familie

Etwas haben alle im Widder-Zeichen geborenen Kinder gemeinsam: Sie zeigen schon im Babyalter Willensstärke. Mit hoher, bald schon kräftig ausgebildeter Stimme mahnt der Säugling die Eltern, ihm zu essen zu geben. Und Hunger hat dieser süße Fratz eigentlich fast immer – auch in der Nacht, wenn seine Stimme noch durchdringender klingt als am hektischen Tag.

Widder-Kinder wollen bereits in zartem Alter Mittelpunkt der Familie sein. So weich und so anschmiegsam sie sich auch geben, entdecken sie doch schon früh, daß man sich mit einem rechten Dickschädel sehr wohl in der Welt durchzusetzen vermag. Da machen die Mädchen aus diesem Tierkreiszeichen keine Ausnahme. Vater und Mutter bekommen den Eigensinn ihres Sprößlings bald zu spüren, wenn sie sich für eine antiautoritäre Erziehung entschieden haben und ihrem Widder-Kind keine Grenzen setzen.

Ganz allmählich muß der kleine Schützling des Mars in die richtige Richtung geleitet werden. Zu große Strenge macht ihn trotzig, und Schläge helfen erst recht nicht, aber mit Überzeugungskraft ist viel gewonnen: Kaum ein Kind ist so verständig wie das aus dem Wid-

Schon das Widder-Kind hat einen starken Willen.

der-Zeichen. Es gibt sofort nach, wenn es ein Unrecht einsieht. Ein Widder-Kind benötigt viel Freiheit, um seinen Tatendrang ausleben zu können. Wenn es eine Weile ungestraft schreien und toben darf, verliert es schnell die Lust daran.

Zwar geben sich die Widder-Mädchen etwas gesitteter als die Jungen aus diesem Zeichen, aber auch sie sind abenteuerlustig und neugierig. Schon früh klettern sie wie ihre Sternenbrüder auf Nachbars Bäume, denn verbotene Früchte schmecken nun mal besser.

Dem stürmischen Wesen verdankt der kleine Widder blaue Flecke und blutige Risse. Beim nächsten Mal wird er vielleicht vorsichtiger sein. Es sei denn, er hat sich die Wunden in einer Rangelei mit anderen Kindern geholt, dann wartet der kleine Mars-Schützling auf eine Chance zur Revanche.

Widder-Kinder raufen für ihr Leben gern. Sie vertrauen stets auf ihre großen physischen Kräfte.

Die astrologische Anlage zur Wildheit kann durch verständnisvolle Erziehung abgemildert werden. Mit einem Widder-Kind sollte man viel hinaus in die freie Natur gehen. Voll Interesse wird es wissen wollen, welche Blumen da am Wege stehen und welches Tier dort vorbeistreicht. Dieses Kind ist wißbegierig.

Widder-Kinder sind gute Schüler, die bei ihren Klassenkameraden sehr beliebt sind. Vor ihnen können sie sich während der Schulstunden produzieren und die Clowns der Klasse spielen. Das stört den Unterricht und führt zu kritischen Anmerkungen im Zeugnis. Ein Lehrer, dem ein Widder-Schüler anvertraut ist, erreicht aber mit psychologischem Feingefühl sehr viel mehr als mit übergroßer Autorität. Ein Lob zur rechten Zeit macht den widerborstigen Widder-Sprößling zum verständigen Schüler.

Er lernt schnell, so daß er in der Schule kaum Schwierigkeiten haben wird. Bei der Erledigung der Hausaufgaben sollten Eltern allerdings aufpassen: Das Widder-Kind läßt sich nämlich gern ablenken und vergißt dann völlig die Pflicht. Ganz beikommen läßt sich diesem Mars-Kind nie. Ideenreich verführt es andere zu dem, was es selber am liebsten macht, und läßt dabei seinen Charme überzeugend spielen. Man kann ihm nicht böse sein.

Väter von Widder-Kindern werden von ihren Sprößlingen dazu angehalten, viel Sport zu treiben. So werden sie ihre Trainer und Mitläufer. Mütter bekommen, kaum ist das Kind zum Teenager geworden, gute Ratschläge, wie man den Vater behandeln muß, damit er ein guter Ehemann bleibt; denn das Widder-Kind ist frühzeitig reif und weiß mehr als seine Schulkameraden, die sich oft noch mit kindlichen Spielen beschäftigen.

Wer das Vertrauen seines Widder-Sprößlings behalten will, scherzt mit ihm, aber hemmt ihn nie in seiner Persönlichkeitsentfaltung und läßt ihm möglichst viel Spielraum – auch wenn er wieder einmal mit einem Stein nach Spatzen schoß und dabei eine Fensterscheibe traf. Die Haftpflicht-Versicherung wird den Schaden schon übernehmen.

Widder-Kinder lernen aus ihren Fehlern und mausern sich deshalb zu recht selbstbewußten Erwachsenen. Ein Widder weiß selbst am besten, was er will und was er kann, und auch der Teenager wird sich keinen Beruf aufschwatzen lassen. Mit Zwang kann man bei ihm nichts erreichen.

Schon in jungen Jahren ist der Widder-Mensch begeisterungsfähig, aktiv und einsichtig – so läßt er sich vielleicht von einer bestimmten Sache oder einem bestimmten Beruf überzeugen.

Der etwas andere Widder

Nicht alle, die zwischen dem 21. März und 20. April Geburtstag haben, sind lupenreine Widder. In der Astrologie hat jeder Mensch noch ein zweites Tierkreiszeichen, das in der Minute seiner Geburt am östlichen Horizont aufging: den Aszendenten. Dieser strahlt in das Geburtszeichen Kräfte aus, die sich mit seinen Anlagen vermischen. Im einzelnen sieht das so aus:

Aszendent Widder verstärkt all das, was in diesem Buch als charakterliche Anlage geschildert wurde. Widder-Menschen mit dem Aszendenten Widder sind naturverbunden, denken sachlich nüchtern und werden nur aggressiv, wenn sie sich einen Vorteil davon versprechen. Nach außen hin schrecken sie im positiven wie im negativen Sinne vor nichts zurück. Wer mit ihnen friedlich zusammenleben will, muß sie gewähren lassen.

Aszendent Stier sorgt beim Widder für ein mehr ausgeglichenes Temperament. Er dämpft das allzu Forsche im Wesen des Mars-Schützlings. Die angestrebten Ziele werden langsamer, aber um so

Sehr seltene Kontraste zeigt der Eiffelturm, das Wahrzeichen von Paris, wenn er abends gleißend angestrahlt wird: aus schwarzem Eisen wird glänzendes Gold – beides Metalle, die widdertypisch sind.

sicherer erreicht. Der Widder mit dem Aszendenten Stier ist weniger herrschsüchtig und sparsamer im finanziellen Bereich. Die typische Ungeduld des Widders scheint oftmals wie weggeblasen. Dafür schlagen die Gefühle manchmal Purzelbäume, und die Leidenschaft kocht über.

Aszendent Zwillinge ist für die Launen des sonst so geradlinigen Widders verantwortlich. Er macht aber den Mars-Schützling wendiger. Eigensinn ist hier mit Gutmütigkeit gepaart. Dieser Mischtyp bevorzugt vernünftige Argumente zur Durchsetzung seiner Ziele. Der Widder mit dem Aszendenten Zwillinge ist begeisterungsfähig und einfallsreich. Im privaten Bereich schließt er schnell Kontakte.

Aszendent Krebs bremst des Widders Angriffslust. Das geht manch-

Ein richtiger Widder geht – genauso wie sein Wappentier, das Mufflon-schaf – keinem Kampf aus dem Wege.

mal so weit, daß er an sich selber zu zweifeln beginnt. So selbstsicher und gewandt der Widder mit dem Aszendenten Krebs auch auftritt, er wird im Innern viele Zweifel hegen. Er ist leicht verletzt, und gute Stimmung weicht plötzlich tiefster Niedergeschlagenheit. Der Partner hat es nicht leicht bei diesen Stimmungsumschwüngen.

Aszendent Löwe stärkt das Rückgrat des sowieso schon stabilen Widders. Viele »Salon-Löwen« werden unter dem Widder-Zeichen mit dem Aszendenten Löwe geboren, der bei erlesenen Gesellschaften stets der Mittelpunkt sein und über Beziehungen und gute Freunde Karriere machen wird. In der Partnerschaft kann es zu Krisen kommen, wenn er egoistisch seine eigenen Wünsche in den Vordergrund stellt oder als leidenschaftlicher Mensch zuviel verlangt.

Die zarten Buschwindröschen, die im Frühjahr blühen, zählen zu den Glücksbringern der Widder-Geborenen.

75

Aszendent Jungfrau setzt sich am ehesten beim Widder durch. Er ist disziplinierter und entscheidet erst nach kritischer Überlegung. Des Widders Ideale übersetzt der Aszendent Jungfrau ins Materialistische. Hier werden zwar alle Schritte überdacht, im entscheidenden Moment wird aber das, was sich ihm entgegenstellt, rücksichtslos zur Seite geräumt. In der Liebe ist der Widder mit dem Aszendenten Jungfrau nüchtern, aber sehr zuvorkommend.

Aszendent Waage macht den Widder zu einem Diplomaten, der freilich im rechten Moment einen Gegner mit freundlichem Lächeln überlistet. Der Widder mit dem Aszendenten Waage liebt ein harmonisches Zusammenleben, was ihn zu einem begehrten Partner fürs Zusammenleben macht. Sein Schönheitssinn ist besonders ausgeprägt.

Aszendent Skorpion übersteigert – dank doppeltem Marseinfluß – Kraft und Willen des Widders ins Übermäßige. Mit großer Hartnäckigkeit werden lohnende Ziele verfolgt. Der Widder mit dem Aszendenten Skorpion treibt alles voran, was seinem Ich Nutzen bringen kann. Mars sorgt mit Hilfe von Pluto für einen Arbeitseifer, der durch nichts zu bremsen ist. In der Liebe ist dieser Mischtyp sehr draufgängerisch. Zarter besaitete Partner, die hier nicht mithalten können, lernen möglicherweise seine beißende Ironie kennen.

Aszendent Schütze bringt Unruhe ins Leben eines wanderlustigen Widders. Dieser Mischtyp sehnt sich nach fernen Ländern und sonnigen Stränden. Meistens ist der Widder mit dem Aszendenten Schütze sehr sportlich veranlagt. Mit geistigen Mitteln versucht er, mögliche Gegner aus dem Feld zu schlagen. Das Leben als Single ist ihm oft lieber als ein einengendes festes Verhältnis.

Aszendent Steinbock verleiht dem Widder Ausdauer und Fleiß bei der Verfolgung hochgesteckter Ziele. Eiskalt sichert sich dieser Wid-

Bild Seite 76/76: Lebhaft wie die Quelle eines Bachs ist das Wesen des Widders mit dem Aszendenten Schütze.

der-Geborene den eigenen Vorteil. Meist sind Widder mit dem Aszendenten Steinbock äußerst wortkarg. Aber ihr Schweigen hat System: Sie wollen ihre Gegner verunsichern. Im Intimleben sind sie sehr sinnlich, haben aber kaum Zeit für die Liebe.

Aszendent Wassermann läßt den Widder nach absoluter Unabhängigkeit streben. Er setzt des Widders Ideale rücksichtslos durch. Der aufwärtsstrebende Widder mit dem Aszendenten Wassermann probiert neue Wege aus, bis er das gefunden hat, was ihm Erfolg bringt. Privat geht er gern auf flüchtige Eroberungen aus, da er seine persönliche Freiheit über alles liebt.

Aszendent Fische gießt Wasser ins Widder-Feuer, so daß es zischt und brodelt. Hier wechselt tiefe Niedergeschlagenheit mit jubelnder Freude. Beruflich drängt sich der Widder mit dem Aszendenten Fische nur zaghaft in den Vordergrund, ohne sich jedoch zu verstekken. Er ist ein begehrter Partner, mit dem man das Leben sehr genießen kann.

Ein Brautkranz aus Myrte verheißt immerwährendes Eheglück.

Ausgerechnet: der Aszendent

Um den Aszendenten auszurechnen, muß man neben Geburtsdatum und Geburtsort auch die Minute der Geburt des Widder-Menschen kennen. In Tabelle 1 findet man die für den Geburtsort zutreffende Zeitkorrektur. Steht der Ort nicht in der Tabelle, nimmt man einfach die Zeitkorrektur der am nächsten liegenden, hier aufgeführten Stadt. Bei dem Vorzeichen Plus (+) muß die Minutenzahl zu der Geburtszeit hinzugezählt werden, entsprechend wird beim Vorzeichen Minus (–) die angegebene Minutenzahl abgezogen.

Man rechnet dann die in Tabelle 2 für den Geburtstermin angegebene Sternzeit hinzu. Sie beträgt zum Beispiel am 5. April 12.52 Uhr. Eine weitere Korrektur der Geburtszeit ergibt sich, wenn der Geburtstag auf einen Tag fiel, an dem die Sommerzeit galt: in Deutschland nach dem 16. April 1917, 15. April 1918, 1. April 1940, in den Jahren 1941 und 1942, nach dem 29. März 1943, nach dem 3. April 1944, nach dem 2. April 1945, nach dem 14. April 1946 (jeweils ab 2 Uhr früh), nach dem 6. April 1947 (ab 3 Uhr früh) nach dem 18. April 1948 und 10. April 1949 (jeweils ab 2 Uhr früh).

In Österreich gelten die gleichen Sommerzeiten, zusätzlich nach dem 6. April 1920, ab 2 Uhr früh. Darüber hinaus gilt die Sommerzeit auch in Deutschland, Österreich und in der Schweiz nach dem 6. April 1980, dem 29. März 1981, dem 28. März 1982, dem 27. März 1983, dem 25. März 1984, dem 31. März 1985, dem 30. März 1986, dem 29. März 1987, dem 27. März 1988, dem 26. März 1989, dem 25. März 1990, dem 31. März 1991, dem 29. März 1992, dem 28. März 1993, dem 27. März 1994 und dem 26. März 1995 (jeweils ab 2 Uhr früh).

Sollte der Geburtstag in eine der vorgenannten Zeiten fallen, muß zusätzlich eine Stunde von der Geburtszeit abgezogen werden. Geht die so gefundene Zahl über 24 Uhr hinaus, muß man 24 Stunden davon abziehen.

Die so errechnete Zeit wird in Tabelle 3 unter der für den Geburtsort oder der ihm am nächsten liegenden Stadt in Tabelle 1 angegebenen Breitengradzahl gesucht. Damit ist der Aszendent gefunden. Ein kleines Beispiel mag diese zunächst vielleicht etwas schwierig erscheinende Berechnung erläutern:

Geburtszeit: 5. April 1944 um 17.10 Uhr in Köln.

1. Geburtszeit:	17 h 10 min
2. Ortszeit: Korrektur für den Geburtsort Köln	
(siehe Tabelle 1):	– 32 min
	16 h 38 min
3. Sternzeit des 5. April wird zur erhaltenen	
Ortszeit addiert (Tabelle 2):	+ 12 h 52 min
	29 h 30 min
4. Ab 3. April 1944 galt die Sommerzeit,	
also muß eine Stunde abgezogen werden:	– 1 h 00 min
	28 h 30 min
5. Da die gefundene Zahl über 24 Uhr	
hinausgeht, werden 24 Stunden abgezogen:	– 24 h 00 min
6. Das ergibt die eigentliche Sternzeit:	4 h 30 min

Die Sternzeit des am 5. April 1944 um 17 Uhr 10 Minuten geborenen Widders ist 4 Uhr 30 Minuten. Sein Aszendent ist laut Tabelle 3 beim Breitengrad von Köln (51°) das Tierkreiszeichen *Jungfrau*.

Tabelle 1: Berechnung der Ortszeit

Aachen (51°)	– 36 Min.	Klagenfurt (47°)	– 3 Min.
Augsburg (48°)	– 16 Min.	Koblenz (50°)	– 26 Min.
Baden-Baden (49°)	– 27 Min.	Köln (51°)	– 32 Min.
Bamberg (50°)	– 16 Min.	Königsberg (55°)	+ 22 Min.
Basel (48°)	– 30 Min.	Konstanz (48°)	– 23 Min.
Berlin (53°)	– 6 Min.	Lausanne (46°)	– 33 Min.
Bern (47°)	– 29 Min.	Leipzig (51°)	– 10 Min.
Bielefeld (52°)	– 26 Min.	Lienz (47°)	– 9 Min.
Bonn (51°)	– 31 Min.	Lindau (47°)	– 21 Min.
Braunschweig (52°)	– 18 Min.	Linz/Donau (48°)	– 3 Min.
Bregenz (47°)	– 21 Min.	Lübeck (54°)	– 17 Min.
Bremen (53°)	– 25 Min.	Luxemburg (50°)	– 35 Min.
Breslau (51°)	+ 8 Min.	Luzern (47°)	– 27 Min.
Chemnitz (51°)	– 8 Min.	Magdeburg (52°)	– 13 Min.
Danzig (54°)	+ 15 Min.	Mainz (50°)	– 27 Min.
Donaueschingen (48°)	– 26 Min.	Mannheim (49°)	– 26 Min.
Dortmund (52°)	– 30 Min.	München (48°)	– 14 Min.
Dresden (51°)	– 5 Min.	Münster (52°)	– 30 Min.
Düsseldorf (51°)	– 33 Min.	Nürnberg (49°)	– 16 Min.
Duisburg (51°)	– 33 Min.	Oldenburg (53°)	– 27 Min.
Emmerich (52°)	– 35 Min.	Osnabrück (52°)	– 28 Min.
Essen (51°)	– 32 Min.	Passau (49°)	– 6 Min.
Flensburg (55°)	– 22 Min.	Regensburg (49°)	– 12 Min.
Frankfurt/Main (50°)	– 25 Min.	Rostock (54°)	– 12 Min.
Freiburg/Breisgau (48°)	– 29 Min.	Saarbrücken (49°)	– 32 Min.
Garmisch (47°)	– 16 Min.	Salzburg (48°)	– 8 Min.
Genf (46°)	– 35 Min.	St. Gallen (47°)	– 22 Min.
Göttingen (51°)	– 20 Min.	Straßburg (49°)	– 29 Min.
Graz (47°)	+ 2 Min.	Stuttgart (49°)	– 23 Min.
Halle (52°)	– 12 Min.	Trier (50°)	– 33 Min.
Hamburg (54°)	– 20 Min.	Tübingen (49°)	– 24 Min.
Hannover (52°)	– 21 Min.	Ulm (48°)	– 20 Min.
Heidelberg (49°)	– 25 Min.	Villach (47°)	– 4 Min.
Hof (50°)	– 12 Min.	Weimar (51°)	– 15 Min.
Innsbruck (47°)	– 14 Min.	Westerland/Sylt (55°)	– 27 Min.
Jena (51°)	– 14 Min.	Wien (48°)	+ 6 Min.
Kaiserslautern (49°)	– 29 Min.	Wiesbaden (50°)	– 27 Min.
Karlsruhe (49°)	– 26 Min.	Würzburg (50°)	– 20 Min.
Kassel (51°)	– 22 Min.	Wuppertal (51°)	– 31 Min.
Kiel (54°)	– 20 Min.	Zürich (47°)	– 26 Min.

Tabelle 2: Sternzeit

Tag	Jan. Zeit	Feb. Zeit	März Zeit	April Zeit	Mai Zeit	Juni Zeit	Juli Zeit	Aug. Zeit	Sept. Zeit	Okt. Zeit	Nov. Zeit	Dez. Zeit
1	6.37	8.40	10.34	12.36	14.35	16.37	18.35	20.37	22.39	0.38	2.40	4.38
2	6.41	8.44	10.38	12.40	14.38	16.41	18.39	20.41	22.43	0.42	2.44	4.42
3	6.45	8.48	10.42	12.44	14.42	16.45	18.43	20.45	22.47	0.46	2.48	4.46
4	6.49	8.52	10.46	12.48	14.46	16.49	18.47	20.49	22.51	0.50	2.52	4.49
5	6.53	8.55	10.50	12.52	14.50	16.52	18.51	20.53	22.55	0.54	2.56	4.53
6	6.57	8.59	10.54	12.56	14.54	16.56	18.55	20.57	22.59	0.57	3.00	4.57
7	7.01	9.03	10.58	13.00	14.58	17.00	18.59	21.01	23.03	1.01	3.04	5.01
8	7.05	9.07	11.02	13.04	15.02	17.04	19.03	21.05	23.07	1.05	3.08	5.05
9	7.09	9.11	11.06	13.08	15.06	17.08	19.07	21.09	23.11	1.09	3.11	5.09
10	7.13	9.15	11.10	13.12	15.10	17.12	19.10	21.13	23.15	1.13	3.15	5.13
11	7.17	9.19	11.13	13.16	15.14	17.16	19.14	21.17	23.19	1.17	3.19	5.17
12	7.21	9.23	11.17	13.20	15.18	17.20	19.18	21.21	23.23	1.21	3.23	5.21
13	7.25	9.27	11.21	13.24	15.22	17.24	19.22	21.25	23.27	1.25	3.27	5.25
14	7.29	9.31	11.25	13.27	15.26	17.28	19.26	21.29	23.31	1.29	3.31	5.28
15	7.33	9.35	11.29	13.31	15.30	17.32	19.30	21.32	23.35	1.33	3.35	5.32
16	7.37	9.39	11.33	13.35	15.34	17.36	19.34	21.36	23.39	1.37	3.39	5.36
17	7.41	9.43	11.37	13.39	15.38	17.40	19.38	21.40	23.43	1.41	3.43	5.40
18	7.45	9.47	11.41	13.43	15.42	17.44	19.42	21.44	23.46	1.45	3.47	5.44
19	7.48	9.51	11.45	13.47	15.45	17.48	19.46	21.48	23.50	1.49	3.51	5.48
20	7.52	9.55	11.49	13.51	15.49	17.52	19.50	21.52	23.54	1.53	3.55	5.52
21	7.56	9.59	11.53	13.55	15.53	17.56	19.54	21.56	23.58	1.57	3.59	5.55
22	8.00	10.02	11.57	13.59	15.57	18.00	19.58	22.00	0.02	2.01	4.03	5.59
23	8.04	10.06	12.01	14.03	16.01	18.03	20.02	22.04	0.06	2.04	4.07	6.03
24	8.08	10.10	12.05	14.07	16.05	18.07	20.06	22.08	0.10	2.08	4.11	6.07
25	8.12	10.14	12.09	14.11	16.09	18.11	20.10	22.12	0.14	2.12	4.15	6.11
26	8.16	10.18	12.13	14.15	16.13	18.15	20.14	22.16	0.18	2.16	4.19	6.15
27	8.20	10.22	12.17	14.19	16.17	18.19	20.18	22.20	0.22	2.20	4.22	6.19
28	8.24	10.26	12.20	14.23	16.21	18.23	20.21	22.24	0.26	2.24	4.26	6.22
29	8.28	10.30	12.24	14.27	16.25	18.27	20.25	22.28	0.30	2.28	4.30	6.26
30	8.32		12.28	14.31	16.29	18.31	20.29	22.32	0.34	2.32	4.34	6.30
31	8.36		12.32		16.33		20.33	22.36		2.36		6.34

Tabelle 3: Hier ist Ihr Aszendent

	47° Uhrzeit	48° Uhrzeit	49° Uhrzeit	50° Uhrzeit	51° Uhrzeit
Löwe	0.36– 3.18	0.34– 3.16	0.31– 3.14	0.26– 3.12	0.21– 3.10
Jungfrau	3.19– 6.00	3.17– 6.00	3.15– 6.00	3.13– 6.00	3.11– 6.00
Waage	6.01– 8.41	6.01– 8.43	6.01– 8.45	6.01– 8.47	6.01– 8.49
Skorpion	8.42–11.23	8.44–11.27	8.46–11.31	8.48–11.35	8.50–11.39
Schütze	11.24–13.50	11.28–13.55	11.32–14.00	11.36–14.05	11.40–14.10
Steinbock	13.51–15.41	13.56–15.45	14.01–15.48	14.06–15.52	14.11–15.56
Wassermann	15.42–16.58	15.46–17.00	15.49–17.02	15.53–17.04	15.57–17.06
Fische	16.59–18.00	17.01–18.00	17.03–18.00	17.05–18.00	17.07–18.00
Widder	18.01–19.01	18.01–18.59	18.01–18.57	18.01–18.55	18.01–18.53
Stier	19.02–20.19	19.00–20.15	18.58–20.11	18.56–20.07	18.54–20.03
Zwillinge	20.20–22.10	20.16–22.05	20.12–22.00	20.08–21.55	20.04–21.51
Krebs	22.11– 0.35	22.06– 0.33	22.01– 0.30	21.56– 0.25	21.52– 0.20

	52° Uhrzeit	53° Uhrzeit	54° Uhrzeit	55° Uhrzeit
Löwe	0.16– 3.08	0.13– 3.06	0.08– 3.04	0.05– 3.01
Jungfrau	3.09– 6.00	3.07– 6.00	3.05– 6.00	3.02– 6.00
Waage	6.01– 8.52	6.01– 8.54	6.01– 8.56	6.01– 8.58
Skorpion	8.53–11.43	8.55–11.47	8.57–11.52	8.59–11.57
Schütze	11.44–14.15	11.48–14.20	11.53–14.26	11.58–14.30
Steinbock	14.16–16.01	14.21–16.06	14.27–16.10	14.31–16.14
Wassermann	16.02–17.09	16.07–17.11	16.11–17.14	16.15–17.17
Fische	17.10–18.00	17.12–18.00	17.15–18.00	17.18–18.00
Widder	18.01–18.51	18.01–18.49	18.01–18.46	18.01–18.44
Stier	18.52–19.59	18.50–19.55	18.47–19.50	18.45–19.45
Zwillinge	20.00–21.45	19.56–21.39	19.51–21.33	19.46–21.39
Krebs	21.46– 0.15	21.40– 0.12	21.34– 0.07	21.40– 0.04

ISBN 3 8094 0837 9

© 2002 by Bassermann Verlag in der Verlagsgruppe FALKEN/Mosaik,
einem Unternehmen der Verlagsgruppe Random House GmbH, 81673 München
© der Originalausgabe by FALKEN Verlag in der Verlagsgruppe FALKEN/Mosaik,
einem Unternehmen der Verlagsgruppe Random House GmbH, 81673 München

Umschlaggestaltung: rincon² medien gmbh, Köln
Lektorat: Ingrid Reuter und Anna Christiane Loll
Herstellung: Königsdorfer Verlagsbüro, Frechen
Vorsatz: Michael Wollert, Menden
Redaktion für diese Ausgabe: Stefanie Rödiger
Herstellung für diese Ausgabe: Harald Kraft
Fotos: A. G. E. FotoStock, Barcelona (19, 27, 74); R. Bender, Tholey-Theley (34, 35, 36, 44);
Bildagentur IPO, Linsengericht (64); dpa, Frankfurt am Main (9, 54/55); FALKEN Archiv
(16, 21, 22, 60); M. Habel, Wilhelmshaven (37); U. Janssen, Emden (67); G. Kelbert,
Idstein (70); K. Köhler Creativstudio, Fischbach (52, 59, 62, 63); S. Layda, Wiesbaden (24);
U. Niehoff, Bienenbüttel (49); B. Nieschmidt, Mainz (4/5); Reinhard-Tierfoto, Heiligkreuz-
steinach-Eiterbach (40, 46, 51, 75); H.-J. Schwarz, Niederolm (57, 65, 76/77); Silvestris
Fotoservice, Kastl/Obb.: The Daily Telegraph (72), Rauch (30), Staudhammer (15); E. Stark,
Hemmingen (6/7, 32, 68); K. Wagner, Braunschweig (79); H. Wedewardt, Rösrath (39)
Zeichnung und Vignette: Ingrid Schade, Hamburg

Satz: Königsdorfer Verlagsbüro, Frechen
Druck: Ernst Uhl, Radolfzell

015310294X817 2635 4453 6271